AF502413

SUR QUELQUES EXEMPLES

DE

GÉMINATION JURIDIQUE

DANS

LES AUTEURS LITTÉRAIRES LATINS

PAR

GASTON MAY

PROFESSEUR DE DROIT ROMAIN
A L'UNIVERSITÉ DE NANCY
AGRÉGÉ A LA FACULTÉ DE DROIT DE L'UNIVERSITÉ DE PARIS

Extrait des *MÉLANGES GÉRARDIN*

LIBRAIRIE

DE LA SOCIÉTÉ DU RECUEIL J.-B. SIREY & DU JOURNAL DU PALAIS

Ancienne Maison L. LAROSE et FORCEL
22, *rue Soufflot, PARIS, 5e arrdt*
L. LAROSE & L. TENIN, Directeurs

1907

SUR QUELQUES EXEMPLES

DE

GÉMINATION JURIDIQUE

DANS

LES AUTEURS LITTÉRAIRES LATINS

Quum supervacua oneratur adjectione vitium est, quum auget aut manifestat sententiam... virtus.

Quintil., *Inst. orat.*, IX, 3, 46.

I

Malgré sa propension native à la brièveté, la langue latine manifeste parfois une tendance tout à fait opposée. Elle affectionne la gémination. Ayant à rendre une idée, elle s'attarde à l'exprimer par des mots différents qu'elle accumule comme à dessein. Cette habitude n'a pas manqué de frapper les modernes qui se sont occupés de stylistique latine[1]. Elle n'avait pas échappé à l'attention des anciens eux-mêmes[2].

(1) Chassan, *Essai sur la symbolique du droit*, Paris, 1847, Introd., XIX, XXX, p. 342 et suiv. Grysar, *Theoric des lateinischen Stils*, Köln, 1831, p. 614. Haase, *Vorlesungen der lateinische Sprachwissenschaft*, Leipzig, 1874, p. 194. Klotz, *Handbuch der lateinischen Stilistik*, Leipzig, 1874, § 43, p. 269. O. Weise, *Charakteristik der lateinischen Sprache*, 3ᵉ édit., Leipzig, 1905, nᵒˢ 29, 126, 127 et passim.

(2) L'auteur de la Rhétorique *ad Herennium*, appelle cet emploi de termes, identiques par le sens, différents par le son, *interpretatio verborum : Interpretatio est, quæ non iterans idem redintegrat verbum, sed id commutat quod positum est, alio verbo quod idem valeat*, IV, 28. Pour Cicéron, le style doit son éclat au choix habile des termes... aux répétitions du même mot, à l'emploi de synonymes : *Illustris est... oratio, si et verba... ponuntur... et duplicata et idem significantia*, Part. orat., VI, 20.

Ils y voient simplement un procédé oratoire, un artifice destiné à frapper l'esprit en flattant l'oreille. Les grammairiens d'aujourd'hui, trouvant chez d'autres écrivains que les orateurs ces redoublements si caractéristiques, expliquent cette abondance inattendue par un besoin impérieux de précision et de clarté [1]. Cette explication superficielle doit être complétée. Et ce sont les géminations empruntées à la stylistique juridique qui, mieux que toutes les autres, permettent d'entrevoir les véritables causes de l'usage du redoublement, parce qu'elles sont plus particulièrement révélatrices des façons de penser et des secrètes inclinations des latins[2].

Le passage du *de Orat.*, III, 54, 206 : *nam et geminatio verborum habet interdum vim* n'a pas trait à l'appariation de deux mots différents ayant même signification, mais à la répétition du même mot. Cf. Fronto, *De eloquent.*, I, 139 (Naber) qui attribue le même sens au mot *geminare*. Quintilien catalogue, lui aussi, le procédé d'accouplement. Il le fait rentrer dans les pratiques amplificatoires : *Potest ascribi amplificationi congeries quoque verborum ac sententiarum idem significantium.* Inst. orat., VIII, 4, 26. Il y revient plus loin, *ibid.*, IX, 3, 45, 46, et s'efforce de trouver un terme technique pour désigner cette accumulation de mots de sens analogue : *congregantur verba idem significantia.* C'est là qu'il émet la maxime choisie comme épigraphe du présent travail. Dans les Nuits Attiques, XIII, 25, 4, 9, 10, 11, la question est également touchée. Favorinus mis en scène par Aulu Gelle observe que le but recherché par ceux qui usent de cette *repetitio instauratioque ejusdem rei sub alio nomine*, est d'attirer plus sûrement l'attention.

(1) C'est surtout pour les écrits de César qu'on peut faire cette remarque. Chez cet écrivain qui vise à la concision, qui affectionne le style nu, dépouillé de tout ornement oratoire, le pléonasme est voulu, parce que l'auteur tient avant tout à se faire comprendre. Cf. Weise, *op. cit.*, n° 126. J'en pourrais dire autant de Tacite. Cf. dans l'édition du *Dialogus de Orat.* de Peterson, Oxford, 1893, Introd. pp. LI, LII, LIII, une longue liste des redoublements d'expressions employés par l'auteur. Cette fréquence d'emploi de la gémination est un des arguments invoqués contre l'authenticité de l'attribution de cet ouvrage à Tacite. Je ne crois pas l'argument probant.

(2) Faute de mieux, je me sers pour désigner les associations de mots étudiées ici du mot *gémination*, pris par les anciens et par certains moder-

Déjà, par elle-même, la liste de ces formes, en apparence tautologiques, est significative. Car elle est assez copieuse. La fréquence de leur apparition dans les écrits purement littéraires était, à elle seule, une indication. Elle eut dû provoquer les investigations. C'est à peine cependant si les travaux sur la stylistique latine en signalent quelques-unes et des moins notables, par exemple : les groupes *velitis jubeatis, optimus maximus, vis ac potestas*. Une liste plus complète serait pourtant facile à dresser[1]. Je me bornerai aux exemples suivants :

socius et amicus (populi romani) — *jus et fas* — *velle jubere* [2] — *paterna* (ou *patria*) *avitaque* — *optimus maximus* — *ruta caesa* — *iter via* — *promitto spondeo* (variantes : *promitto recipio spondeo* — *praesto promitto spondeo*) — *addictus debitus obstrictus* — *vendere emancipare* ou *addicere* — *improbus intestabilis* — *vis ac potestas* (variantes : *vis et potentia, jus et potestas*) [3].

A ce catalogue, il faut joindre les deux couples : *jus et lex, solvere liberare*, dont les grammairiens paraissent avoir méconnu l'importance. C'est sur eux que s'est particulièrement

nes avec une acception différente. Ces cas de groupement ne rentrent d'ailleurs ni dans la notion de l'*asyndeton* ou omission des conjonctions, ni dans celle de l'*hendiadys*, ou copulation de deux termes dont l'un devrait être subordonné à l'autre et lui servir de complément. Cf. Berger, *Stylistique latine* (trad. Gache et Piquet), Paris, 1890, § 110-116 ; 77. Ce sont, en somme, des cas de redoublement par énumération.

(1) Chassan, *op. cit.*, p. 342, 343, 346, 349 en a donné une, où il y a beaucoup à retrancher et aussi à ajouter.

(2) *Velle jubere* est signalé par Weise, *op. cit.* n. 29, comme un des types les plus remarquables d'expressions accouplées, *zusammengerückte Wörter*.

(3) C'est le groupe : *vis ac potestas*, très riche en exemples qui a provoqué les remarques des latinistes allemands. Cf : Döderlein, *Lateinische Synonyme*, Leipzig, 1836, n. 160, 12 et 13 ; Tegge, *Studien zur lateinische Synonymik*, Berlin, 1886, p. 272.

concentrée ma recherche, parce qu'on peut les considérer comme véritablement typiques.

II

« Jus et Lex ».

J'ai à peine besoin de rappeler la différence des termes *jus* et *lex*, *jura* et *leges* dans la langue technique du droit romain.

Pour les Romains, ces mots forment presqu'une antithèse, en tout cas, s'opposent en se complétant. L'un et l'autre sont destinés à exprimer l'idée de la règle de droit, obligatoire pour tous. Mais le *jus*, c'est le droit déjà admis de longue date, le droit constant, confirmé par l'expérience. La *lex* au contraire, traduction des besoins les plus récents, expression encore mal assurée des idées de progrès, n'a pas encore pour elle l'antiquité, source d'autorité la plus vénérable aux yeux des Romains.

La *lex* c'est du droit à l'état naissant et qui n'a pas encore conquis tous ses titres au respect. Elle les gagnera par la suite. Après un certain temps de pratique, les principes qu'elle proclame et les applications qu'on en aura tirées se seront affirmés et consolidés par l'usage. La *lex* sera elle-même devenue du *jus*. Elle aura, si l'on peut dire, monté en grade. En sorte que toute *lex* contient en soi les éléments du *jus* futur. Pareille antithèse, plus tard suivie d'intégration plus ou moins complète, s'observe encore à l'heure actuelle chez les Anglais.

« La loi statutaire, écrit excellemment Boutmy [1], (c'est-à-
« dire la loi en forme de statut, la *lex* à la romaine) n'est que
« la branche cadette d'une famille où la jurisprudence et les
« usages continuent à figurer près d'elle, avec une dignité
« supérieure, sinon avec une autorité égale ».

Que les textes législatifs déjà anciens, œuvre méditée de

(1) *Psychologie politique du peuple anglais*, p. 255.

rédacteurs exercés, rompus à toutes les finesses du protocole, associent *jus* et *lex* sans les confondre [1], que des jurisconsultes de l'époque classique [2] et même ceux des temps plus récents [3] aient été amenés à accoler les deux expressions en leur conservant leur sens consacré, rien de surprenant. Tous, rédacteurs de documents officiels, écrivains de métier, compilateurs, étaient dans leur rôle. Ils parlaient la langue du droit, il leur fallait en observer avec soin les exigences. Mais, qu'on retrouve le même souci, cette même observance aussi minutieuse, ce sentiment aussi raffiné des nuances les plus délicates chez des littérateurs, voilà qui serait pour surprendre, si l'on ne connaissait à quelles sources les écrivains puisaient leurs inspirations, si l'on ne savait que la langue des prosateurs, celle même des poètes, est très souvent un écho fidèle du langage austère des prudents. J'en fournis, dans un appendice à la présente étude, des exemples significatifs, empruntés à des auteurs d'époque diverse et de tempérament différent [4].

Ainsi, poètes et prosateurs, orateurs et historiens, philosophes et polygraphes ne manquent pas l'occasion d'associer

(1) Lex Cornelia de XX quæstoribus : *juus lexque esto; quo jure qua lege q[uæstores] quei nunc sunt.* Lex Antonia de Termessibus : *quæ leges quodque jous.* Lex de Gallia cisalpina, XXI : *s[iremps] res lex jus caussaque,* idem XXII. Lex Quinctia de aquaeductibus : *adversus eum... lex jus.* Lex coloniæ Genetivæ Juliæ, LXVI : *ita uti qui optima lege optimo jure.*

(2) Ulpien, Dig. I, 3, 33 : *pro jure et lege observari.* Paul, Dig. L, 16, 131, § 1 : *pœna... nisi quæ quaqua lege vel quo alio jure... imposita.* Gaius, I, 8 : *justa ac legitima manumissione.* Scævola, Dig. XXXI, 88, § 17 : *jure legitimo.*

(3) Commonitorium de la *lex romana Wisigothorum : nec aliud cuilibet aut de legibus aut de jure liceat... proponere ; ut in foro tuo nulla alia lex neque juris formula ; hunc codicem de Theodosiani legibus atque sententiis juris.* Edit de Théodoric, ch. 7 : *judex id solum judicari debet quod juri et legibus viderit convenire ;* Epilogue : *ex novellis legibus ac veteris juris* dans Gaudenzi : Gli editti di Teodorico e di Atalarico. Bologne, 1884.

(4) Ehrlich, *Beiträge zur Theorie der Rechtsquellen,* Berlin, 1902, p. 17 et suiv. a groupé un certain nombre de textes contenant la double expression. La liste que je donne paraîtra sans contredit plus copieuse.

les deux mots : *jus* et *lex* [1]. Presque tous l'ont fait de propos délibéré. Ce n'est pas chez eux, pure phraséologie, artifice grossier de vaine rhétorique. Ils savent fort bien le sens
précis de chacun de ces termes. Leur emploi simultané est
destiné à marquer d'un trait plus net la pensée en attirant
l'attention sur une alliance de mots où chacun des éléments
du couple joue son rôle. Bien rares, croyons-nous, sont les
passages où il figure comme une expression toute faite, où
l'auteur en l'insérant ne soit qu'un écho inconscient d'habitudes traditionnelles, ou bien encore n'a voulu qu'enfler la
voix en gonflant la phrase.

On lit sur les sièges de l'ancien tribunal du palais du
podestat à Pistoie, une inscription de 1507 :

> *Hic locus odit, amat, punit, conservat, honorat*
> *nequitiam, l e g e s, crimina, j u r a, probos.*

Conséquente avec elle-même, la Renaissance a tenu à ne
pas rester inférieure à ses modèles coutumiers. Et c'est du
même style, sous la même inspiration qu'un de nos modernes chez qui persiste avec tant de force un parfum de saine
latinité, a écrit : « César exempta des tributs... Néméto-
« cenne... Il rendit à Némétocenne *ses droits et ses lois*, c'est-
« à-dire que le rigoureux régime de la conquête y fut un peu
« adouci [2] ».

III

« Solvere Liberare ».

Dans le rapport d'obligation, le droit romain primitif n'a
vu tout d'abord que l'effet produit : l'assujettissement éven-
tuel du débiteur à son créancier. L'obligation n'est pas, ainsi
qu'on le dira plus tard, un lien de droit, une possibilité légale

---

(1) Suétone, *Verb. different.*, v⁰ *Leges et Jura*, tente d'expliquer la dis-
tinction, mais ne signale pas l'usage de la copulation.

(2) Anatole France, Clio, Komm l'Atrébate, p. 49.

de contrainte. Elle est un *vinculum* réel. Elle aboutit en effet forcément à l'enchaînement du débiteur s'il n'exécute pas. Qu'il paye, ce lien sera dénoué. Ce déliement est dénommé au propre : *solvere*. Désormais débarrassé de la chaîne où il risquait de se voir lié, le débiteur est libre, *liberatus*. *Solvere*, *liberare* tels sont les deux termes techniques qui peignent au naturel cette situation. Ils marquent les deux étapes de l'acte. *Solvere* est le fait matériel dont *liberare* est le résultat [1].

Aussi les textes juridiques, lorsqu'ils sont écrits scrupuleusement, ne manquent-ils pas d'établir entre les deux mots une hiérarchie nécessaire. *Solvere* précède toujours *liberare* [2]. Et si, plus tard, on abandonne l'usage adopté jusqu'alors, si au lieu de laisser associés les deux éléments du couple, *solvere* est employé seul pour signifier le fait de payer, on ne manque pas de signaler la *liberatio* comme étant la conséquence de la *solutio*, on mentionne l'effet après la cause [3]. Poussant encore plus loin la précision, les textes les plus anciens en date évoquent avec toute sa netteté l'image du lien. Du débiteur ils disent qu'il se délie du créancier : *a te solvo* et par suite qu'il est libéré de lui : *a te libero* [4].

Ces termes expressifs et les images qu'ils rappellent, nous les rencontrons maintes fois dans les auteurs littéraires de

(1) L'observation a été faite très judicieusement par Karlowa, *Römische Rechtsgeschichte*, II, p. 810, auquel s'est adjoint Schlossmann, *Altrömisches Schuldrecht*, 1904, p. 114, n. 1, et Zeitsch. Savigny. St. 1905, p. 312.

(2) Formule évidemment ancienne de la *solutio per æs et libram* dans Gaius III, 174 : *me.... solvo liberoque*; Lex Malacitana, LXIV : *qui corum soluti liberatique non sunt*; et plus loin : *eaque omnia quæ... soluta liberataque non sunt*; Table de Bétique : *donec ea... pecunia... soluta liberataque esset*; Modestin rapportant le passage d'un testament sur lequel il est consulté : *et absolvo et libero ex pignoribus ejus*. Cf. Rubrique du Digeste 46, 3 : *De solutionibus et liberationibus*; même rubrique au Code Just. VIII, 43, XI, 39.

(3) Nombreux textes au Digeste, XLVI, 3 et *passim*.

(4) Cf : la formule de Gaius III, 174 : *me a te solvo liberoque*, et les passages de Labéon qui écrit une langue plus rapprochée des façons de parler originaires : *si debitor tuus non vult a te liberari... non potest invitus a te solvi*, Dig. XLVI, 3, 91 ; *ego a te liberatus sum*. Dig. XLVI, 4, 23.

tous les âges, inséparables pour ainsi dire. *Solvere liberare*, *solutus liberatus*, les deux mots s'appellent et se complètent sans s'opposer. Seulement, comme il fallait s'y attendre, ceux qui les écrivent n'ont plus les mêmes raisons de les placer dans l'ordre naturel de leur succession. Bien des fois *liberare* précède *solvere*, l'effet est mis avant la cause. Le choix de textes que je donne à titre d'appendice, prouve jusqu'à quel point la langue littéraire a été tributaire de l'usage juridique. Aussi ne faut-il pas s'étonner de voir Rabelais écrire, à la suite des anciens : « Ne voulant donc aucunement dégénérer de la débonnaireté héréditaire de mes parents, maintenant je vous *absouls et délivre* et vous rends *francs et libères* comme par avant » (1), et Montaigne eût failli à ses habitudes, si parmi tant d'autres expressions géminées empruntées à l'antique forme latine, il n'eût pas placé celle-là. « Nature, nous a mis au monde *libres et desliez* » écrit l'auteur des Essais (2).

IV

Que la langue des lettrés ait fait accueil aux couplements de termes d'origine juridique, ce n'est pas là ce qui doit surprendre. On a montré bien des fois comme elle charrie avec elle des expressions et des formules tirées du droit. Nés pour le droit, les Romains pensent et écrivent en juristes. Mais il faut pousser plus loin la recherche. D'où vient le phénomène du doublement ? Comment s'explique cette propension presqu'instinctive à revenir sur le mot tout d'abord trouvé pour y ajouter une touche nouvelle, qui parfois renforce, parfois atténue et presque toujours complète la valeur de la première ? On n'a pas assez dit, quand on a parlé d'un besoin inné de clarté ou du penchant de l'esprit romain pour l'emphase oratoire (3). C'est plus avant qu'il faut plonger, dans

(1) Gargantua, I, 50. Cf. : je pris conjecture comme pourrions *francs et délivrés*, Pantagruel, V, 15.

(2) Essais, III, ch. 9.

(3) Cf. Weise, *op. cit.*, § 14.

les arrière-fonds de l'âme latine. C'est là qu'on peut découvrir la racine de cet usage trop servilement imité par la stylistique juridique française d'autrefois et même par les praticiens modernes, bien qu'ils n'aient plus les mêmes raisons, les mêmes excuses, pour le suivre [1].

Le Romain des origines est un rural superstitieux. En son âme cauteleuse et timorée, habite la crainte, la crainte des Dieux malveillants ou irrités, la crainte des hommes malicieux ou méchants. Ses gestes, ses paroles, *acta dictaque* [2], peuvent, s'ils sont mal combinés, lui causer un irréparable dommage. Mais il sait aussi que par l'emploi des rites convenables et des verbes appropriés, il apaisera les colères et déjouera les ruses. Aussi, est-il toujours en quête de cérémonies propitiatoires, de charmes opérants et surtout de formules déjà éprouvées qui forceront la main aux Dieux et défieront les mauvaises intentions des hommes. Avec cette disposition à voir dans le mot et dans les groupements de mots une incantation, un *carmen*, dont la vertu magique peut être efficace ou néfaste, le Romain obligé de parler ne parlera donc qu'avec de minutieuses précautions.

Il dira ce qu'il faut dire, mais il le dira plusieurs fois : il frappera sur le mot pour l'enfoncer plus sûrement [3]. Mais par défiance suprême, par crainte d'erreur, il géminera les termes, avec la secrète pensée que si l'un des vocables employés manque son effet, un autre qu'il lui associe et qui est analogue par le sens, suppléera à l'insuffisance

(1) Chassan, *op. cit.*, Introd. XXXI, XXXII, donne des exemples de géminations tirés du formulaire des diplômes, chartes et jugements. Nos Codes ont persévéré dans cette antique façon de parler. Cf. Planiol, *Traité élémentaire de droit civil*, II, n° 282, qui à propos de l'expression *droits et actions* dans Code civ. art. 1166, fait observer que ce pléonasme est déjà dans Pothier. On trouvera dans les appendices une table des expressions géminées employées par le Code civil.

(2) *Acta dictaque* marchent souvent de conserve : Cf. Gell. Noct. VI, 3, 5 et avec la variante : *dicta facta*, Gell. Noct. VI, 1, 7; VI, 3, 44.

(3) V. de nombreux exemples de réitération du même mot, dans Heim, *Incantamenta magica græca latina*, n°ˢ 42, 48, 52, 58, 66, 72, 80, etc.

du premier. Il parlera, comme on dit au palais, « *à toutes fins* ». Aussi, procédera-t-on de la sorte dans les formules religieuses que composent les pontifes et qu'ils dictent aux profanes, dans les formules magiques et dans les formules juridiques qui leur sont si prochement apparentées[1]. Là aussi, chaque terme a sa portée prévue, son efficacité calculée. Il ne sera donc point indifférent de prendre un mot pour l'autre. Par surcroît de précaution, il sera souvent utile de prendre l'un et l'autre. De là ce redoublement, ce balancement de la pensée, cette sorte d'assonnance d'ordre psychologique, qu'on recherche à l'égal des assonnances matérielles, à l'égal des rimes.

Du formulaire des juristes l'habitude a passé dans la langue courante, si profondément imprégnée de termes et de tournures juridiques. Parmi les écrivains, les uns, c'est le plus grand nombre, ont emprunté au vocabulaire du droit ses géminations les plus usuelles. Ils l'ont fait volontairement, de façon opportune et avec mesure. Parfois aussi, ces mêmes auteurs ou d'autres ont usé du procédé, par imitation, sous l'obsession d'une réminiscence, cédant en impulsifs à la vieille habitude nationale, aux instincts ritualistes de leur race. Aucun n'a cru dire une chose inutile, employer une expression redondante. Tous étaient dans la tradition des Romains primitifs : « *in omnibus... vitæ officiis... castissimi cautissimique*[2] », précautionneux dans leurs observances, partant

---

(1) Pour les formules religieuses, Bouché Leclercq, *Les pontifes de l'ancienne Rome*, p. 163 et suiv.; pour les formules magiques, cf. l'observation de Heim, *op. cit.* sous la formule, nº 40 : *Exi si hodie nata, si ante nata, si hodie creata, si ante creata, hanc pestem, hanc pestilentiam, hunc dolorem, hunc tumorem... evoco, educo, excanto de istis membris, medullis.* Le rituel de l'exorcisme contient des répétitions analogues, par exemple : *exorcizo te immunde spiritus... ut exeas et recedas, exorciso te creatura aquæ... eradicare et effugare; adjuro et contestor, exorcizo atque dissolvo... ut recedatis et excatis,* Gervasii Pizzurni, *Enchirid. exorcist.*, XVIII, 118.

(2) Gell. *Noct.* II, 28, 2. Cf. G. Boissier, *La religion romaine d'Auguste aux Antonins*, I, p. 16.

très religieux. La plus scrupuleuse exactitude même obtenue aux dépens de la concision était le plus grand mérite, la suprême correction.

GASTON MAY,

*Agrégé à la Faculté de droit
de l'Université de Paris.*

APPENDICES

I

« Jus et Lex ».

Plaut. Epidic. II, 2, 107 · hic poterit cavere recte *jura* qui *et leges* tenet; Epidic. III, 4, 85, 86 : præ illo qui omnium *legum atque jurum* fictor; Rudens, III, 2, 29, 30 : advorsum *jus legesque*... injuria hic factast; Mostel, I, 2, 45 : docent litteras, *jura, leges.* Lucret. De rer. nat. V, 1145 : sponte sua cecidit sub *leges* artaque *jura*.

Cicer. Verr. act. 2, I, 42, 107 : *jure legibus*... testamentum... fecerat; I, 44, 113 : bona patria... *jure legibus* tradita; IV, 50, 112 : neque tam fugitivi... quam tu ab *jure et* ab *legibus*; Pison, XIII, 30 : qui... non *leges*... non *jura* noritis; Caec. XXV, 70 : *leges ac jura* labefactat; XXVI, 74 : major hereditas... venit... a *jure* et a *legibus*; Dom., XV, 41 : aliquod *jus* populi *atque legum*; XVI, 43 : tribunus plebis tam in *jure* quam *lege*; XLIX, 127 : quis erat tu qui dedicabas, quo *jure*, qua *lege*; Dejotar. XI, 30 : nullae *leges*, nulla *jura* custodient; Philip. VIII, 3, 10 : nos... libertatem, *jura, leges*... pollicemur; IX, 5, 11 : quæ proficiscebantur a *legibus* et a *jure* civili; XI, 12, 28 : *qua lege quo jure*; Off. I, 16, 51 : descripta... *legibus* et *jure* civili; I, 17, 53 : multa... civibus. . communia... *leges, jura*;

I, 34, 124 : servare *leges, jura* describere ; III, 17, 69 : neque aut *lege* sanciri aut *jure* civili ; Republ. III, 9, 16 : ille *legum*... et ... *juris* inventor ; de Legib. I, 5, 16 : fons *legum* et *juris* inveniri ; I, 5, 17 : tota causa est universi *juris ac legum* ; I, 13, 35 : a natura *leges et jura* sejungere ; I, 21, 56 : verba usurpantur civilis *juris et legum* ; II, 1, 2 : ut tu... de *lege* et de *jure* disserens ; De orat., I, 5, 18 : neque *legum ac juris* civilis scientia negligenda ; I, 8, 33 *leges*... *jura* describere ; I, 10, 40 : ignarum *legum*... rudem in *jure* civili ; I, 11, 48 : sine *legum*, moris, *juris* scientia ; I, 34, 159 : perdiscendum *jus* civile, cognoscendæ *leges* ; I, 43, 193 : qui *jure* civili et *legibus* continentur ; I, 59, 253 : *leges et jura* tecta esse voluerunt ; II, 16, 68 : qui *jura*, qui *leges* constituerunt ; II, 42, 178 : aut *juris* norma... aut *legibus* ; Orat., XXXIV, 120 : quum sis *legum* et civilis *juris* ignarus ; Epist. ad famil. IV, 1, 2, : urbem sine *legibus*... sine *jure*... relictam.

Horat. Epist. I, 16, 41 : qui *leges juraque* servat ; Sat. I, 1, 9 : *juris legumque* peritus ; Virgil, Aeneid. I, 506 : *jura* dabat *legesque* viris ; Ovid. Metam. XV, 832 : *jura* suum *legesque* ferret, Propert. IV, 12, 49, 50 : auro venalia *jura*, aurum *lex* sequitur ; Liv. I, 19 : urbem novam... *jure*... *legibusque*... condere parat ; IV, 15 : natus... inter *jura legesque* ; Lucan. Phars. II, 316 : me... *leges* et inania *jura* tuentem ; IX, 560 : *jure* suo populis uti *legumque* licebit ; Juvenal, Sat. II, 43 : quod si vexantur *leges ac jura* ; II, 72 : te *leges ac jura* ferentem ; VIII, 50 : qui *juris* nodos et *legum* œnigmata solvat ; Tacit. Dial. de orat., XIX, 24 : judices qui *vi aut potestate* non *jure* et *legibus* cognoscunt ; Suéton. Jul. Caes., 44 : *jus* civile ad certum modum redigere, atque ex... *legum* copia, optima.., in paucissimos conferre libros ; Gell. Noct. X, 3, 7 : innocentes... contra *jus* contraque *leges*... cæduntur ; XVI, 10, 8 : scientiamque præstare debeo *juris et legum* ; Pseud. Quintil. Declam. VIII, 6 (150, 12, Lehnert) : pudeat vos, o *jura legesque* ; XI, 1 (207, 5) : ut in vindicta... consulere *leges ac jura* velletis ; XV, 3 (279, 13, Lehnert) : jam *leges* jam *jura* loqueris ; XV, 4 (280, 3, Lehnert) : non agnoscunt *leges ac jura* ; XVII, 9 (308, 12, Lehnert) : inter *leges*, inter *jura* consenui ; CCCVIII (18, 19, Ritter) : quid est... testamentum?.. voluntas defuncti consignata *jure legibusque*.

Parfois, au lieu de *jus et lex*, on trouve la copulation *justum et legitimum*, qui est destinée à produire le même effet. Cf. Cicer. Caec. XVI, 47 : cum de *jure* et *legitimis*... controversiis loquimur ; Philip. XI, 12, 28 : qua *lege*, quo *jure*? ut omnia... reipublicæ saluta-

ria, *legitima et justa* haberentur; Deor. Nat. III, 35, 84 : potesta-
tem... quasi *justam et legitimam* hereditatis; Off. III, 29, 108 : cum
justo... et legitimo hoste res gerebatur; Republ. V, 5, 7 : ea descripta
ratio est *justis* nuptiis, *legitimis* liberis; Liv. I, 48 : cum illo simul
justa ac legitima regna occiderunt. Il va de soi que le groupe *justum
ac legitimum* se trouve également dans les textes juridiques. Cf.
Dirksen, *Manuale*, v° *Justus*.

II

Solvere Liberare.

Cicer. Rosc. Amer XLIX, 143 : culpa *liberatus* et crimine nefario
solutus; Verr. act. 1, IX, 26 : magna cura *liberatus*... animo...
multo magis vacuo ac *soluto*; act. 2, LXXV, 185 : Messana... ubi
animo semper *soluto liberoque* erat; act. 2, LXXVIII, 192 : *liberi*
enim ad causas *solutique* veniebant; Cluent, LVII, 155 : quaestione
qua se *solutum liberumque* esse arbitretur; Rabir. Post. V, 12 :
reus... est ea lege, qua... totus etiam ordo *solutus ac liber* est; VII,
18 : vos... *liberos* hac lege esse voluit... *soluti* huc convenistis;
Planc. XXX, 72 : cum *liber* essem et *solutus*; Academ. prior. II, 3,
8 : hoc autem *liberiores et solutiores* sumus; II, 33, 105 : sic
igitur... constituto probabili, et eo... *soluto libero*; Finib. I, 10, 33 :
nam *libero* tempore, cum *soluta* nobis est... optio; Tuscul. I,
XXVII, 66; nec... deus ipse.... intellegi potest nisi mens *soluta* quæ-
dam et *libera*; V, XV, 43 : quem vacuum *solutum liberum* videris;
Divin. I, II, 4 : animi... motu ipsi suo *soluto et libero*; I, XVIII,
34 : animi aut *soluto liberoque* motu futura præsentiunt; I, LVII,
129 : animi... aut somno *soluti*... per se ipsi *liberi*... moventur; II,
XLVIII, 100 : animus... somno relaxatus *solute* moveatur *ac libere*;
Fat. XV, 33 : illorum ratio *soluta ac libera* est; Republ., IV, 4, 4 :
amores *soluti et liberi*; De orat. III, XLVIII, 184 : *liberior* est oratio... sic et est vere *soluta*; Orat. XXIII, 77 : *solutum* quiddam sit...
ut ingredi *libere*; Epist. ad. Att. I, 13, 2 : sum enim... *ab
homine... liber* et... contra illius voluntatem *solutus*; ad Quint. fratr.
III, 1, 9 : teque item *ab eo vindico et libero*. Sallust. Catilina, VI, 1 :
genus hominum... *liberum atque solutum*; Liv. I, 58 : ego me...
peccato *absolvo*, supplicio non *libero*; XXII, 10 : si... senatus popu-

lusque jusserit fieri ac faxitur, eo populus *solutus liber* esto; Senec. De
benef. II, 18, 5; et si reddidi *solutus sum ac liber*; Tacit. Dial. de
orat. XXXIX, 8 : sic estaliquis... campus per quem nisi *liberi et soluti*
ferantur; Plin. Epist., II, 11, 4 : aliis cognitionem senatus lege con-
clusam, aliis *liberam solutamque* dicentibus; Boet. De consol. philo-
soph. V, 351 : *liberum* prorsus atque *absolutum* videri; Tertull. Apo-
loget. XLII : quid tua interest emptis... floribus quomodo utar? puto
gratius *liberis et solutis.*

III

Géminations employées par le Code civil.

Arrêté et convenu, art. 1793. Au nom et en l'acquit, art. 1236. —
Bon et fidèle, art. 1483; Bonnes et valables, art. 1262. — Clauses et conditions, art. 530; Clauses et stipulations, art. 946. — Det-
tes et charges, art. 826, 873, 1085, 1086, 1698. Distincts et sépa-
rés, art. 1619. Dot et conventions matrimoniales, art. 2135. Dot,
reprises et conventions matrimoniales, art. 2140, 2144, 2193,
2195. Droit ou créance, art. 450. Droits et actions, art. 25, 724,
1166, 2048. Droits et biens, art. 1940. Droits et reprises, art. 1443,
1444. — Enchères et adjudications, art. 2185. — Frais et loyaux
coûts, art. 1630, 1673, 1699. Francs et quittes, art. 865, 952,
1513. — Linges et hardes, art. 1566. — Né et actuel, art. 187,
191. — Part et portion, art. 873, 1009, 1012, 1017, 1209, 1213,
1214, 1232, 2026, 2033. Périls et risques, art. 1629. Portion
virile et héréditaire, art. 1475. Privilège et préférence, art. 2073.
— Réciproque et mutuelle, art. 968. — Somme et part égale, art.
1863.

9 782019 294960